Pierre Stutz

50 Rituale für die Seele

AF217315

Pierre Stutz

50 Rituale
für die Seele

HERDER

FREIBURG · BASEL · WIEN

MIX
Papier aus verantwor-
tungsvollen Quellen
FSC® C014496

Völlig überarbeitete und aktualisierte
Neuausgabe 2022

Umschlaggestaltung: Verlag Herder
Umschlagmotiv: Jeja /iStock
Vignetten im Innenteil: © Dychkova Natalya,
Shutterstock
Satz: Röser MEDIA GmbH & Co. KG, Karlsruhe
Herstellung: GGP Media GmbH, Pößneck
Printed in Germany

ISBN Print 978-3-451-03363-6
ISBN E-Book 978-3-451-33872-4

Meinen verstorbenen Eltern
August und Erna Stutz-Saxer, Hägglingen,
aus Dankbarkeit gewidmet.

Inhalt

Was ist ein Ritual?

„Kann es etwas Schlimmeres geben, als dass wir uns in unserem eigenen Haus nicht zurechtfinden? Wie können wir hoffen, in anderen Häusern Ruhe zu finden, wenn wir sie im eigenen nicht zu finden vermögen?", schreibt die Mystikerin Teresa von Ávila in ihrer Schrift von der „Inneren Burg".

Das ist ein Gedanke, der mich vor einigen Jahren erschüttert hat. Zu lange habe ich außerhalb gesucht, was ich mir selber schenken lassen muss. Wie jeder Mensch brauche ich Freundinnen und Freunde, Anerkennung und Verwurzelung. Doch nur ich – dies ist eine schmerzliche und zugleich befreiende Erkenntnis – kann mir Heimat in mir schenken lassen. Es ist dies eine Beheimatung, die – so habe ich es erfahren – letztlich Gott allein ermöglichen kann. Gott ist in allen Dingen! Seit ich der Spur dieser Erkenntnis folge, habe ich die Kraft der Rituale in meinem Leben, in meinem Alltag neu entdeckt.

Was ist ein Ritual? „Es ist das, was einen Tag vom anderen unterscheidet, eine Stunde von den anderen Stunden", lässt Antoine de Saint-Exupéry den Fuchs zum kleinen Prinzen sagen. Darum „muss es feste Bräuche geben". Ein Aufruf, der in unserer hektischen Welt, die zum Shoppingcenter der unendlichen Möglichkeiten geworden ist, aktueller denn je ist. Vereinsamung und Sinnverlust nehmen zu: Einfache spirituelle Alltagsübungen können eine Hilfe sein, im Alltäglichen das Wunderbare zu entdecken – und sie helfen dazu, nicht länger fremdbestimmt zu leben, gelebt zu werden, sondern mehr aus der eigenen Mitte heraus zu leben.

Ein Ritual ist für mich …

* regelmäßig und bewusst einen Ort des Innehaltens, des Aufatmens aufzusuchen, an dem ich mich in meinem eigenen Haus zurechtfinden kann.

* ein kraftvoller Moment der Erinnerung, dass das Wesentliche im Leben nicht machbar ist, sondern immer Geschenk und Gnade bleibt.

* wenn ich „den Himmel mit der Erde verbinde", indem ich wahrnehme, was ist, und über mich hinauswachse, weil ich Teil eines größeren Ganzen bin.

* wenn ich Widerstand leiste und Zeichen setze für eine gerechtere Welt, wo Gerechtigkeit, Lebensfreude, Solidarität und Zärtlichkeit spürbar werden.

* wenn ich in das Urvertrauen hineinwachse, dass jeder Mensch sich immer wieder zum Gutenverwandeln lassen kann.

* wenn ich wiederhole, nachahme, übe. Übung führt mich zu mehr Achtsamkeit und innerer Ruhe angesichts der drängenden Fragen unserer Zeit.

* ein mystischer Augenblick, in dem Raum und Zeit wie aufgehoben erscheinen und ich in Berührung komme mit Gott, der Quelle allen Lebens, erfahrbar in der Schöpfung und dem ganzen Kosmos.

* eine heilende Erfahrung, weil die Seele, das Lebendige in uns, aufatmen kann und wir alle Erfahrungen zurückbinden können an den Grund unseres Lebens, den ich Gott nenne.

Natürlich besteht auch die Gefahr, dass ein Ritual zur entleerten Gewohnheit, zum Automatismus wird. Um dem entgegenzuwirken, brauchen wir ein waches Auge, uns selbst und unsere Mitwelt bewusst wahrzunehmen. So bleiben wir lebendig, spüren, ob uns dieses Ritual (noch) guttut, und entwickeln uns weiter.

I Zu mir selber stehen

I Zu mir selber stehen

Gerade dastehen zu können, fällt uns gar nicht immer so leicht. Gerne lehnen wir uns an, setzen uns hin, knicken ein Bein ein – wir stehen nicht mit beiden Beinen gerade auf dem Boden. Oft tun wir uns schwer, zu uns selber zu stehen. In Diskussionen und Meinungsverschiedenheiten ringen wir um einen eigenen Standpunkt.

Selbstwertgefühl, Ehrlichkeit und Standhaftigkeit sind für mich wichtige spirituelle Grundwerte.

In den Geschichten der Bibel treffe ich immer wieder auf menschliche Grunderfahrungen. Und so lese ich im Neuen Testament, wie Jesus Menschen Mut macht, zu sich selber, ihren Gaben und Grenzen zu stehen. Er fordert sie dann auf, sich in die Mitte zu stellen. Dabei werden Menschen nicht nur äußerlich, sondern auch innerlich aufgerichtet.

Erst so wird ein aufrechter Gang im vollen Sinne dieses Wortes möglich. Innerlich aufgerichtet, stehen wir mit mehr Rückgrat für unser Leben, das Leben aller Menschen und der ganzen Schöpfung ein. Wir stehen, mit Zivilcourage, auf für das Bedrohte. Wir dürfen es tun in dem Grundvertrauen, dass wir zu uns stehen können, weil Gott vor aller Leistung zu uns steht.

1. RITUAL

Am Morgen nach dem Aufstehen

Am Morgen, nach dem Aufstehen, stelle ich mich in die Mitte des Zimmers und spüre mit den nackten Füßen gut den Boden unter mir. Der Boden ist Bild jenes Gottes, der mich trägt, auch heute in all den vielen Anforderungen, die auf mich zukommen werden. Ich atme tief ein und aus in Verbindung mit den Worten von Hildegard von Bingen: „Gott atmet in allem, was lebt." Mein Dastehen, mein Atmen ist ein spiritueller Akt, der mich die Verbundenheit mit allem erfahren lässt. Es verbindet mich mit dem Atem der Menschen, der Tiere, der Pflanzen, mit dem ganzen Kosmos. So stehe ich anders, verwurzelter im Leben und in dem neuen Tag.

2. *RITUAL*

Den Tag über bewusst dastehen

Den Tag hindurch, hoffentlich auch, wenn meine Pläne durchkreuzt werden, wenn etwas nicht gelingt, wenn ich ungeduldig werde, versuche ich das bewusste Dastehen einzuüben.

Wenn ich auf den Zug warten muss, in der Einkaufsschlange anstehe, auf das Kochen des Kaffeewassers warte oder in der Warteschleife beim Telefonieren, erinnere ich mich an die Kraft des Stehens. Es gibt keinen Ort auf dieser Welt, der nicht zum heiligen Ort werden kann. Die spirituelle Dimension des Lebens wird erfahrbar, wenn ich die scheinbar verlorene Zeit des Herumstehens verwandeln lasse in ein achtsames Dastehen. Der Atem hilft mir, die Tiefendimension dieses unscheinbaren Stehens zu spüren. Für mich lebt darin die Hoffnung, nicht zu resignieren.

3. RITUAL

**Wenn's schwierig wird:
Mit beiden Füßen im Leben stehen**

Ich achte regelmäßig in schwierigen Alltagssituationen darauf, als spirituelle Grundhaltung beide Füße auf den Boden zu stellen. Dabei bin ich wie bei allen anderen Übungen nicht erstaunt, wenn es Wochen oder Monate dauert, bis ich dies in einer Selbstverständlichkeit, aus einer inneren Freiheit heraus tue. Ich verbinde diese Haltung mit der Zusage aus dem Alten Testament, aus dem Buch des Propheten Ezechiel: „,Menschensohn, stell dich auf deine Füße, ich will mit dir reden.' Da kam der Geist in mich, nachdem er mit mir geredet hatte, und er stellte mich auf meine Füße" (Ezechiel 2, 1-2). Die aufrechte Haltung lässt meinen Atem fließen, der mich lebendig hält; und ich spüre den Grund, der mich trägt.

4. RITUAL

Aufstand für das Leben:
Engagement und Verbundenheit

Niemand ist eine Insel – und in einer zunehmend individualisierten Gesellschaft gibt es viele Menschen, die es alleine nicht schaffen. Um ihnen zu helfen, muss ich mich aufraffen und aufstehen – in dem Bewusstsein, dass auch ich Hilfe brauche, vielleicht in anderen Bereichen des Lebens.

Organisationen wie *Amnesty International, Caritas, Greenpeace,* Nachbarschaftshilfe sind angewiesen auf Menschen, die mitarbeiten im Bewusstsein, dass sie nie Einzelne sind, sondern immer Teil eines Ganzen. Bevor ich mich engagiere, schließe ich einen Moment die Augen, atme tief und erinnere mich, dass in diesem einen Augenblick Frauen und Männer auf der ganzen Welt aufstehen für das Leben.

5. *RITUAL*

Am Abend: zum vergangenen Tag stehen

Am Ende des Tages stehe ich bewusst zu diesem Tag. Voll Dankbarkeit spüre ich das Lustvolle und Angenehme dieses Tages – und ich versuche auch zu dem zu stehen, was ich mir anders gewünscht hätte, wo ich unzufrieden bin mit mir und anderen. Ich stehe zwischen Erde und Himmel, und in einer tiefen Verneigung drücke ich meine Sehnsucht aus, diesen Tag loszulassen, hinter mir zu lassen, Gott zu überlassen.

Beim Aufstehen
einen Moment stehen bleiben
tief ein- und ausatmen

Zu-mir-stehen
zu meinen Gaben und Grenzen
weil DU mich annimmst

Vor aller Leistung
bin ich bewohnt
von deinem Segen

Tief ein- und ausatmen
geradestehen für mein Leben
weil du neu auferstehst in mir

Da sein können
erwachen zum Hier und Jetzt
bestärkt zum Hiersein

Ich darf sein
anerkannt in meiner Einmaligkeit
angenommen in meiner Einzigartigkeit
angesehen in meiner Würde

Ich bin einfach
gesegnet zum Dasein
bestärkt zur Leichtigkeit
befreit zur Unvollkommenheit

Ich darf sein
mit meinen Verwundungen
mit meinen Ängsten
mit meiner Zuversicht

ich bin einfach da
berührt zum Augenblick
aufgehoben im Ewigen
gefunden im Jetzt

Sich selber lieben

Selbstliebe
wünsche ich dir
jene wohltuende Freude
über dein Dasein in aller Begrenztheit

Selbstliebe
sei dir geschenkt
jene befreiende Zufriedenheit
die dich versöhnt mit deinem Leben

Echte Selbstliebe stiftet
Gemeinschaft und Solidarität

Stell dich in die Mitte

Stell dich in die Mitte
    bringe dich ein
    mit deinen Fähigkeiten

Teile mit
    was du gut gemacht hast
    wo deine Lebensfreude und
    Kreativität
    fließen konnten
    wo dein einfühlsames Mitsein
    neue Räume des Vertrauens eröffnete

Stell dich in die Mitte
    damit deine Einmaligkeit
    sichtbar wird
    und du Komplimente annehmen kannst

Stell dich in die Mitte
    mit deinem Schatten
    der zu dir gehören darf
    denn im Ausdrücken deiner
    Bedürftigkeit
    liegt der Schlüssel
    zum heilenden Dasein

Nach Markus 3,3

II Der Verwandlungskraft trauen

Mit dem Unvorhersehbaren rechnen, dem Möglichen Raum geben, mich nicht abfinden mit dem, was ist, das ist für mich eine wesentliche Lebenseinstellung.

Dann ist die entscheidende Frage in meinem Leben nicht die, ob ich an Gott glaube, sondern ob ich Gott lebe! Gott jeden Tag leben lassen in all meinen Tätigkeiten bedeutet für mich, an die Verwandlung des Menschen zu glauben. Es bedeutet für mich, dass ich mir kein festes Bild mache von mir selber und von den anderen.

Der Schweizer Schriftsteller Max Frisch sagt es so: „Es ist bemerkenswert, dass wir gerade von dem Menschen, den wir lieben, am mindesten aussagen können, wie er sei. Wir lieben ihn einfach ... Wir wissen, dass jeder Mensch, wenn man ihn liebt, sich wie verwandelt fühlt, wie entfaltet, und dass auch dem Liebenden sich alles entfaltet, das Nächste, das lange Bekannte. Vieles sieht er wie zum ersten Mal. Die Liebe befreit aus jeglichem Bildnis. Das ist das Erregende, das Abenteuerliche, das eigentlich Spannende, dass wir mit den Menschen, die wir lieben, so nicht fertig werden: weil wir sie lieben, solange wir sie lieben ... Du wirst dir kein Bildnis machen, heißt es von Gott. Es dürfte auch in diesem Sinne gelten: Gott als das Lebendige in jedem Menschen, das, was nicht erfassbar ist."

Genau um diese Lebensgrundhaltung geht es auf dem spirituellen Weg. Damit fördere ich den Respekt vor der Einmaligkeit eines jeden Menschen, vor dem Geheimnis, das er oder sie auch immer bleibt und das mich zum tiefen Staunen führt und zur gegenseitigen Ermutigung, sich Tag für Tag noch mehr entfalten zu können.

6. RITUAL
Auf den anderen hören

In kleinen alltäglichen Begebenheiten fällt es mir besonders schwer, die anderen zu lassen, wie sie sind und wie sie sich ausdrücken. Ich habe meine Vorstellungen, wie der Tisch gedeckt sein soll, wie der Empfang der Gäste geschieht etc. In kleinen Dingen können sich große Werte ausdrücken. Wenn ich lerne zu spüren, was mir wichtig ist, kann ich im Gespräch auch besser auf die anderen hören und die Verschiedenheit spüren – und darin Wege finden, wie beide sich entfalten können.

7. RITUAL

**Lebensbehindernde Beziehungen
entdecken und verwandeln**

Das Gefangensein, das Abhängigsein in Beziehungen hindert mich in meiner Lebendigkeit. In der Fülle von Emotionen ist es manchmal gar nicht so einfach, zu spüren, welche Beziehungen mich hindern im Leben und welche mich fördern. Darum nehme ich mir Zeit, um auf einer Liste aufzuschreiben, welche Beziehungen für mich lebensfördernd und welche lebensbehindernd sind.

Wenn ich lebensbehindernde Beziehungen entdeckt habe, suche ich nach Möglichkeiten, sie zu verwandeln.

* Ich räume mir mehr zeitliche und/oder örtliche Distanz ein, um mehr aus meiner Mitte, aus innerer Freiheit Begegnungen zu wagen. Da liegt auch die Chance, vorerst in mir selber zu ent-

falten, was ich zu sehr in/bei der anderen Person suche.

* Ich gebe dieser Person weniger Macht, indem ich bewusst einübe, nicht dauernd hintenherum über sie zu reden, sondern versuche, sie zu lassen.

* Ich gehe in der Meditation einen Versöhnungsweg in der Erinnerung, dass dieser Mensch in den Augen Gottes ganz anders ist und ich immer nur einen Teil von ihm wahrnehme.

8. RITUAL

Konflikte austragen und Versöhnung wagen

Im Austragen von Konflikten und im Wagen von Versöhnung hilft mir die Erkenntnis, dass es beim Aussprechen von Fehlern und Mängeln bei meinem Mitmenschen immer nur um einen Teil dieser Persönlichkeit geht. Auch wenn meine Wut mich mit destruktiven Bildern am Tag und im Traum konfrontiert, so erinnere ich mich, dass ich nie nur Wut bin. Diese Grundhaltung kann ich einüben, indem ich unermüdlich auf die Suche gehe nach den guten Seiten im anderen.

9. RITUAL

Wenn Menschen mich verletzt haben: segnen

Menschen zu „segnen", mit guten Gedanken bei ihnen zu verweilen oder für die zu beten, mit denen ich mich schwertue: Das ist nicht leicht. Nach einer Schweigeminute oder vor dem Beten des „Mutter-/ Vaterunsers" segne ich innerlich Menschen, die mich verletzt haben. So übe ich, nicht den Menschen abzulehnen, sondern sein Verhalten. Es ist schwer: Ich segne Diktatoren, Kriegsverbrecher – dies kann spontan beim Zeitunglesen geschehen. Dabei achte ich darauf, dass ich nicht überheblich werde, denn die Gewalt, die mir von außen begegnet, hat auch in mir ihre Wurzeln. Im Aufschrei gegen die Ungerechtigkeit und im Loslassen in Gott hinein ereignet sich Versöhnung.

10. RITUAL
Verwandlung in der Natur: Meditation

Ich verfolge – zum Beispiel – im Frühling das Heranwachsen einer Löwenzahn-Blüte über längere Zeit. Ich „sauge" das kraftvolle Gelb in mir auf. Ich entdecke, wie nach einer gewissen Zeit die Blütenblätter sich wieder schließen, umhüllt von den grünen Knospenblättern. Dann geschieht die Verwandlung und die weißen Flugkörper geben der Blume ein neues Aussehen.

Kraftspendend ist für mich die Beobachtung der wilden Reben an unserer Klostermauer. Im Winter wirken die Zweige so unscheinbar, verdorrt und wie für immer abgestorben. Unglaublich, wie daraus im Frühjahr kraftvolle grüne Blätter entstehen, die im Herbst die ganze Wand voller Farbenpracht aufscheinen lassen.

Diese Gleichnisse aus der Natur helfen mir, auch an die Kraft der Verwandlung in meinem Mitmenschen zu glauben.

Jeden Menschen
in seiner Einzigartigkeit sehen

Dankbarkeit spüren
Begegnungen auskosten
jeden Menschen in seiner Einzigartigkeit
sehen

Mehr noch
jeden mit den Augen Gottes sehen
als Menschen
dem die Verheißung gilt
verwandelt zu werden

Du verwandelnde Kraft
sei uns verbindend nahe

Verbindlich frei

Sich
kein
endgültiges
bild
voneinander
machen

festgefahrene
bilder
voneinander
loslassen

eine
entdeckungsreise
beginnen

kreativ
neue
seiten
kennenlernen

so
werden
wie gott
uns von
anfang
gemeint
hat

verbindlich
frei

Mich versöhnen

Mich versöhnen
nicht aus Verdrängung
und falschem Harmoniebedürfnis

Mich versöhnen
nicht dem faulen Frieden zuliebe
nicht aus Angst vor neuer Ablehnung

Mich versöhnen
im vollen Bewusstsein
wie mir Ungerechtigkeit
widerfahren ist

Mich versöhnen
weil ich Wut und Aggressionen
ausdrücken konnte

Mich versöhnen
weil ich dadurch nicht

mehr gefangen bin
in meiner Destruktivität

Mich versöhnen
im befreienden Verzeihen
damit Feindbilder überwunden werden

Mich versöhnen
nicht weiterhin nur den Dämon
sondern auch den Engel im Feind sehen

Mich versöhnen
ich arbeite dran
obwohl ich weiß dass
Versöhnung letztlich Geschenk ist

Folge deiner Intuition

Folge deiner Intuition
spüre nach
was dich bewegt
verletzt

Suche in vielen Bedürfnissen
deinen Ur-wünschen Beachtung zu schenken

Anerkennung
Verwandlung
Verwurzelung

Gott bewegt sich mit dir in deiner
Selbstwerdung

Abschied nehmen können
in kurzen Momenten vergegenwärtigen
was an vertrauensvollen Beziehungen
gewachsen ist

Abschied nehmen können
einander Echo geben
Gedanken und Gefühle austauschen
bestärkende Worte annehmen können

Sich freuen über die eigenen Gaben
sie zurückfließen lassen
in dich hinein
du Urgrund aller Begegnungen

andere Anteil nehmen lassen an dem
was sie mir bedeuten
es ihnen sagen
um sie loslassen zu können
in dich hinein

Festgefahrene Meinungen loslassen

Festgefahrene Meinungen loslassen
mitten im Streit einander wohlwollend
verzeihen.

Verhärtete Vorurteile loslassen
mitten im Ringen um neue Beziehung
einander verwandelnd entgegenkommen.

Dankbar die Pracht unserer Schöpfung
loslassen
das Leben als Geschenk erfahren
einander segnend begegnen.

III Brot und Rosen: Zusammensein

Brot und Rosen, das lebensnotwendige Alltägliche und das Besondere, sind Ausdruck der Sehnsucht nach Liebe, die in uns Menschen brennt und die im Weiterschenken gestillt wird. „Jeder Mensch wird mit einem unerschöpflichen Vorrat an Liebe geboren", schreibt der nicaraguanische Dichter und Mönch Ernesto Cardenal. In einer Partnerschaft trauen wir diesem unerschöpflichen Vorrat. Wir vertrauen, dass das Lebensnotwendige – das Brot – und das Schöne, das Unerwartete, das Geschenk – die Rosen – im gemeinsamen Unterwegssein erfahrbar sind. Das tägliche Brot steht für das Kraftvolle und Mühsame des Lebens, das uns nährt und hoffnungsvoll leben lässt. Die Rosen lassen uns entdecken, dass es auf uns ankommt, jedoch letztlich nicht von uns allein abhängt: Das Wesentliche im Leben ist ein Geschenk. Es braucht das Pflegen einer Beziehung, das Einüben einer wohlwollenden Konfliktfähigkeit und zugleich den gegenseitigen Freiraum, damit jede und jeder sich im Zusammensein und durch die Beziehung noch mehr entfalten kann.

11. *RITUAL*

Gemeinsam Brot backen –
Frisches Brot segnen

Wir backen gemeinsam Brot und haben – während der Teig geht und an Volumen zunimmt – Zeit, um wahrzunehmen, was in unserer Beziehung am Wachsen ist. Darin erkennen wir Gottes Spuren in unserer Partnerschaft.

Bevor ein frisches Brot angeschnitten wird, drücken wir mit einem Kreuzzeichen auf dem Brotlaib oder einem anderen Symbol aus, wie wir durch die Gaben der Schöpfung Gottes Segen erfahren.

12. *RITUAL*

Einander Rosen schenken

Rosen und andere Blumen können uns den Sinn des Lebens erfahren lassen. Denn unser tiefster Wert entspringt aus unserem Sein, vor aller Leistung. Rosen sind in ihrer selbstverständlichen Schönheit ein Zeichen dafür, aus der Verbindung der göttlichen Quelle in sich zu leben. Jede Rose, die ich meinem Partner, meiner Partnerin schenke, soll Ausdruck dieser Verbundenheit mit der Schöpfung sein.

13. RITUAL

Einander Anerkennung schenken

Jede und jeder gestaltet sich ein „Anerkennungs-büchlein". Die eine Hälfte der Seiten ist dazu da, um eigene Reifungsschritte aufzuschreiben, und die andere Hälfte bietet Platz, um das Wachsen der Partnerin, des Partners festzuhalten.

Einmal pro Monat nehmen wir uns als Paar Zeit, uns gegenseitig bewusst Anerkennung zuzuspre-chen. Dazu wird ein Ort gewählt, der eine besinn-liche Atmosphäre schaffen hilft. Musik erleichtert es, zu sich selbst zu finden.

Zuerst nimmt sich jede und jeder genügend Zeit aufzuschreiben, zu malen, was sie bzw. er bei sich selbst und beim Partner oder der Partnerin an ganz kleinen Schritten der Verwandlung beson-ders schätzt.

Danach erzählt die eine Person, was sie entdeckt hat, und die andere hört aufmerksam zu, und um-gekehrt. Erst wenn beide aufeinander gehört haben, findet ein Austausch statt. Ins Anerkennen dessen, was gelungen ist, kann auch konstruktive Kritik in wohlwollender Anerkennung einfließen. Der Hauptakzent aber ist das Benennen des Positiven.

14. RITUAL

Zusammensein genießen!

In unserer Partnerschaft suchen wir immer wieder
neu nach Formen des Genießens:

beim gegenseitigen Massieren
beim gemeinsamen Kochen und Essen
beim zärtlichen Gestalten der Sexualität
beim gemeinsamen Meditieren und Stillesein
beim Verweilen in der Natur

Wir gestalten diese Zeit im Bewusstsein, dass wir
Verantwortung tragen für unsere Partnerschaft.
Wenn wir achtsam miteinander umgehen und die
dadurch geschenkte Kraft nicht nur für uns behal-
ten, verwandeln wir die Welt zum Guten. Wir erfahren, was es bedeutet, im sorgsamen Pflegen des
Körpers verbunden zu sein mit der ganzen Schöpfung.

15. RITUAL
Zu Gast sein bei mir selbst

Auch in der Partnerschaft brauche ich meinen Freiraum. Echte Gastfreundschaft wird möglich, wenn ich lerne, bei mir selbst zu Gast zu sein, um all mein Erlebtes in Gott zu vertiefen. Auch wenn es aus beruflichen oder familiären Gründen nur schwer möglich ist, lassen sich doch Nischen finden, in welchen ich still werde und nachspüre, was ich wirklich brauche, um meiner Partnerin, meinem Partner wieder mit Wohlwollen zu begegnen.

Freundschaften von Frau zu Frau und Mann zu Mann beleben die Partnerschaft. Ich suche einen Rhythmus, nach dem ich mit einem Freund, einer Freundin Hobbys pflegen und Zeiten des Austausches erleben kann.

Sich einander zuwenden

Sich
einander
zuwenden

Auch
da
wo
ich
verwundet
bin

Wo
die
verletzlichkeit
am größten ist

Wo
heilung
not-wendig ist

Sich
berühren
im leisen glauben
an veränderung

Liebendes Aufmerken

Zärtliche Berührung
verweilen in der Umarmung
in der wohltuenden Geborgenheit

Ankommen
bei
dir
ausruhen

Dich
genießen

Liebendes Aufmerken

Segensschritte bewegen uns
zu einer Kultur der Zärtlichkeit
die Raum zum Aufatmen schafft
in all unsern Lebenserfahrungen

Segensschritte bestärken uns
zu einer solidarischen Zukunft
die Gastfreundschaft entfaltet
für die Würde aller Menschen

Segensschritte beflügeln uns
zu einer menschlicheren Welt
die in jeder Krise eine Chance entdeckt
die Menschen zur echten Liebe führt

Auf dem Weg

Mitten in deinem Prozess der
Menschwerdung
wünsche ich dir
jene kraftvollen Erinnerungen
die dich vertrauen lassen in das Gute im
Menschen

Mitten in deiner Sehnsucht nach
Geborgenheit
wünsche ich dir
jene zärtliche Umarmung
die dich aufatmen lässt

Mitten im Ja-Sagen zu deiner Partnerin,
deinem Partner
wünsche ich dir
jene hoffnungsstiftende Zuversicht
noch freier dich entfalten zu können

Mitten im Unterwegssein als Paar
wünsche ich euch
jenen weiten Raum
der auch andere teilhaben lässt an eurer Liebe

Mitten in schwierigen Momenten des
Zweifelns
wünsche ich dir
jene vertrauensvolle Weitsicht
die Fragen aushalten kann
vertrauend miteinander in die Antworten
hineinwachsen zu können

Eingespielte Muster durchbrechen

behutsam
eingespielte
muster
miteinander
durchbrechen

die
eigene
dunkle
geschichte
miteinander
durchgehen

einem
neuen
befreiten
lebensgefühl
entgegen

Dich genießen Gott

Dich genießen Gott
in der künstlerischen Kreativität
im lachenden unbeschwerten Zusammensein
in sportlicher Ausgelassenheit
im Bejahen meiner sexuellen Lebenskraft
im Staunen über die unerschöpfliche
Fantasie
die uns bewohnt

Dich genießen Gott
im Dasein-Können
in der zärtlichen Zuwendung
im lustvollen Essen
im Bewundern der Tiere
im Erholen in der Gartenarbeit

Dich genießen Gott
als frohschaffende Kraft
die uns mit der ganzen Schöpfung verbindet

IV   Kind sein dürfen

„Wenn ihr nicht werdet wie die Kinder, findet ihr keinen Zugang zu Gottes neuer Welt", sagt der Liebhaber des Lebens, Jesus von Nazaret. Darin entdecke ich die tiefe Lebensweisheit, ein Leben lang Kind sein zu dürfen. Ein Leben lang jeden Tag neu anfangen können. Ein Leben lang wachsen und reifen können. Bis zur letzten Sekunde meines Lebens in mir entfalten, was noch brachliegt. Im Unterwegssein mit Kindern können wir diese spirituelle Grundhaltung alltäglich erneuern.

„Staunen ist die erste mystische Grundhaltung", sagt Dorothee Sölle. Darum können Kinder uns spirituelle Lehrmeister sein. Durch sie können wir das Staunen, das Offensein, das Lachen und Weinen, das Aussprechen von Bedürfnissen, das In-Beziehung-Sein mit der Schöpfung lernen.

Mystikerinnen und Mystiker sprechen von der Geburt Gottes im Menschen; sie ereignet sich auch, wenn wir die Menschenrechte fördern, Widerstand leisten gegen Kinderarbeit, eine kinderfreundliche Welt mitgestalten.

16. RITUAL

Einander segnen

Wir alle, und Kinder besonders, brauchen Vertrauens- und Hoffnungszeichen auf unserem Weg. Einander segnen heißt, das erste Ja in unserem Leben, Gottes Ja zu uns zu erneuern, indem wir einander Gutes zusprechen.

Wasser ist Ausdruck der göttlichen Quelle in uns. Beim Abschied zeichnen wir einander mit Wasser das Kreuzzeichen in die Hände, auf die Stirn und auf die Brust. In katholischen Kirchen befindet sich gesegnetes Weihwasser, das mit nach Hause genommen werden kann. Es will uns an die Taufe erinnern: angenommen und gesegnet zu sein vor aller Leistung.

Auch anderen Gesten können wir diese segnende Bedeutung verleihen: wenn wir unserem Kind beim Abschied über das Haar streicheln, wenn wir ihm Worte sagen, die uns miteinander verbinden, wenn wir durch unsere Hand auf seiner Schulter zum Ausdruck bringen, dass wir Zutrauen haben zu ihm und dem Weg, den es geht.

17. RITUAL

Die Heiligtümer von Kindern ernst nehmen

Die Zimmer von Kindern und Jugendlichen sind voller Heiligtümer! In Postern und Alltagsgegenständen drücken sie auf ihre Art aus, was ihnen nahe ist, was ihnen wesentlich, heilig ist. In einem Symbol, mag es noch so unscheinbar und banal erscheinen, verdichtet sich unsere Sehnsucht. „Man sieht nur mit dem Herzen gut. Das Wesentliche ist für die Augen unsichtbar", sagt der kleine Prinz. Dieser Gedanke hilft mir, das Hintergründige in dem zu entdecken, was Kindern nahe ist.

Natürlich gilt es durchaus, all den Konsum- und Markenartikeln gegenüber kritisch zu sein. Doch für das Unterwegssein mit Kindern und Jugendlichen und mit jedem Menschen ist es für mich entscheidend, von dem auszugehen, was da ist, es anzuerkennen und ernst zu nehmen – und mir selbst klar zu werden, was mir wesentlich und heilig ist.

18. RITUAL

Essen: voll Dankbarkeit genießen

Essen kann mehr sein als Nahrungsaufnahme. Beim gemeinsamen Essen schauen wir uns an, reden miteinander, sind einander nahe, haben Zeit und genießen. Wir fangen gemeinsam an, und in der Regel beenden wir das Essen gemeinsam. Es geht uns hinterher besser – nicht nur, weil wir satt sind, sondern auch, weil wir einander wahrgenommen haben. Für mich ist es kein Zufall, dass Jesus in seinen Gleichnissen von der Gottesnähe das Bild vom Essen und Trinken am häufigsten verwendet. Indem wir eine Tischkultur fördern und entwickeln, helfen wir einander, mehr aus der eigenen Mitte heraus zu leben. Darum reichen wir einander vor dem Essen die Hand und singen ein Lied oder sind für einen kurzen Moment still. Ein Blumenstrauß oder eine Kerze in der Mitte des Tisches helfen, dankbar das Essen zu segnen, damit wir es noch mehr genießen können.

Einmal pro Woche essen wir bewusst nur eine Suppe bei einem Hauptmahl, um dadurch unseren Überfluss mit hungernden Kindern zu teilen.

19. *RITUAL*

Eine Kerze am Abend

Wir können die Erlebnisse des Tages jeden Abend mit den Kindern vertiefen, indem wir ein kleines Teelicht am Fenster entzünden. Eine/r aus der Familie sagt, für wen diese Kerze an diesem Abend in die Nacht hinein brennen soll. Dabei werden Menschen in Not in nächster Nähe und/oder Menschen beim Namen genannt, denen die Kinder in den Nachrichten begegnet sind.

Die Kerze wird zum Zeichen der Verbundenheit mit Kranken, Ausgegrenzten, Verfolgten. Das Entzünden der Kerze eignet sich auch gut, um jeden Tag für etwas zu danken.

20. *RITUAL*

Mit der Schöpfung in Beziehung sein

Von Kindern habe ich gelernt, noch tiefer in Beziehung mit der Schöpfung zu sein. Nach einem schönen Spaziergang verabschieden sie sich vom Baum und vom Bach und bedanken sich beim Schmetterling. Tiere werden von ihnen begrüßt.

Kinder und Erwachsene können miteinander lernen, dieses tiefe Eingebundensein in die Schöpfungsfamilie auszudrücken. Die vier Elemente werden zu Mutter Erde, Bruder Feuer, Schwester Luft und Freundin Wasser.

Den Weg zur Quelle finden

Den Weg zur Quelle finden jene,
die selber den ersten Schritt wagen,
die einander beim Namen rufen
und gemeinsam auf brechen –
ihr Urvertrauen wird wachsen.

Den Weg zur Quelle finden jene,
die ihre Gefühle nicht mehr unterdrücken,
die mit anderen lachen und weinen –
ihre Lebenskraft wird Hoffnung verbreiten.

Den Weg zur Quelle finden jene,
die miteinander Toleranz einüben
im gewaltfreien Widerstand
gegen Rassismus und Fremdenfeindlichkeit –
ihr Engagement wird durch
Gottes Fantasie begleitet.

Den Weg zur Quelle finden jene,
die in ihrer Sehnsucht
nach Bewahrung der Schöpfung
jene sympathische Praxis Jesu erkennen –
ihre Solidarität wird Kreise ziehen.

Den Weg zur Quelle finden jene,
die trotz allem an das Gute im Menschen
glauben,
den göttlichen Kern im Menschen entdecken –
ihre Geborgenheit in diesen verbindenden
Geist Gottes
wird lebensspendend sein.

Den Weg zur Quelle finden jene,
die ein großes Herz haben
für eigene Schwächen und Grenzen
und dies auch andern zugestehen –
ihre Ehrlichkeit wird sie zur Offenheit
bewegen.

Den Weg zur Quelle finden jene,
die Konflikten nicht ausweichen
und die versöhnende Kraft im Kampf
gegen die Ungerechtigkeit nicht vergessen –
ihre Zeichen der Versöhnung werden
glaubwürdig sein.

Den Weg zur Quelle finden jene,
die Partei ergreifen
für die Ausgegrenzten und Missbrauchten –
ihr Widerstand wird durch
Gottes Atem der Gerechtigkeit belebt.

Feiert das Leben,
schwimmt mit euren Kindern gegen den
Strom der Gleichgültigkeit,
tanzt, feiert, erzählt einander
Hoffnungsabsichten
und erahnt im Puls des Lebens
Gott, die Quelle allen Lebens.

Staunend
mit offenen Augen und Ohren
alles wahrnehmen
wie wenn ich es das erste Mal
sehen und hören würde

Staunend
mit Kindern unterwegs sein
befreit zum Augen-Blick
ermutigt zur Bedürftigkeit
beflügelt um Spiel

Staunend
ein Leben lang Kind bleiben
klein anfangen dürfen
weil DU immer neu
in mir geboren wirst

Staunend Kind bleiben

Staunend
in jeder Lebenssituation
klein anfangen dürfen
damit deine Verwandlung
sich in mir ereignen kann

Staunend
mit offenen Augen und Ohren
alles wahrnehmen
wie wenn ich es das erste Mal
sehen und hören würde

Staunend
mit Kindern unterwegs sein
weil sie noch nichts zu verlieren haben
und ausdrücken
was sie zutiefst zum Wachsen brauchen

Staunend
Kind bleiben
weil ich nicht sein muss
sondern alles werden kann

Staunend
Kind bleiben ein Leben lang
weil du Christus ohne Unterlass
in mir geboren wirst

Staunend
mitgestalten
an deiner neuen Welt
wo zärtliche Gerechtigkeit
im unbequemen Widerstand sichtbar wird
weil du Partei ergreifst
und dich unwiderruflich
auf die Seite der Kleinen stellst

Staunend
dich feiern als Mitte allen Lebens
jeden Tag neu

IV   Kind sein dürfen

Kraft zum Unterwegssein

Kraft zum Unterwegssein
wünsche ich dir:
Gottes Bestärkung in deinem Leben.

Mut zur Versöhnung
wünsche ich dir:
Gottes Wohlwollen in deinem Leben.

Grund zur Hoffnung
wünsche ich dir:
Gottes Licht in deinem Leben.

Vertrauen zum Miteinander
wünsche ich dir:
Gottes Verheißung, sein Volk zu sein.

Begeisterung zum Aufbruch
wünsche ich uns:
Gottes Wegbegleitung und Segen.

V Innehalten – Stille und Besinnung

„Das Unglück des Menschen beginnt damit, dass er unfähig ist, mit sich selber in einem Zimmer zu sein", schreibt der französische Philosoph Blaise Pascal im 17. Jahrhundert. Und dieser Gedanke ist aktueller denn je!

Menschen, die nicht durch die Erwartungen und die Manipulation anderer gelebt werden wollen, nicht von außen, wie ich es in der Einleitung gesagt habe, Menschen, die aus sich heraus leben wollen, brauchen Räume der Stille.

Das griechische Wort Mystik hat seinen Ursprung im Verb *myein*, das heißt: die Augen schließen und nach innen schauen. Ein solches Zu-sich-selber Kommen heißt nicht, sich vor den anderen zu verschließen und vor den brennenden Fragen unserer

Zeit. Im Gegenteil: sich zurückziehen ist notwendig, um aus diesem Abstand die tiefere Verbundenheit, die Nähe zu allem zu spüren. Wer sich selber verloren hat, wer die Beziehung zu sich selber nicht lebt, der kann nicht beziehungsfähiger werden. Damit wir uns im Engagement, im Mitfühlen und Dabei-Sein nicht verlieren, brauchen wir den Raum der Stille.

Mystikerinnen und Mystiker bestärken uns, den Zugang zum inneren, heiligen Raum in uns zu pflegen. Im Entdecken der Kraft des Schweigens erfahren wir zunächst oft Unruhe; all das Unerledigte, Unverarbeitete kommt uns entgegen. Es lohnt sich, diesen Durchgang von der Hektik zur Stille auszuhalten und hindurchzugehen, indem wir mitten im Alltag Momente des Innehaltens einschalten, in denen wir diesen inneren Raum erfahren. Dort darf ich einfach sein.

21. *RITUAL*

Eine Nische für die Stille

Wir erleben die Welt als zerrissen und uns oft als hin- und hergerissen zwischen Erwartungen, Ansprüchen, Wünschen, Notwendigkeiten. Mehr denn je brauchen wir Orte der Stille, die uns einladen, die uns offen-sichtlich auffordern, zur Ruhe zu kommen. Symbole haben dabei einen großen Wert, damit wir nicht jedes Mal diesen Raum neu einrichten müssen. In ihnen drücke ich aus, was mir wichtig, heilig ist in meinem Zimmer, meiner Wohnung. Es gilt dabei, der Kraft der Leere neu zu trauen. Darum richte ich mir eine Nische der Stille ein. Ich kaufe mir einen Meditationsschemel und/oder -teppich, um meinem inneren Wunsch nach Schweigen mehr sichtbares Gewicht zu verleihen. Auch am Arbeitsplatz kann mir auf dem Schreibtisch, in der Werkstatt, in der Küche ein kleines Symbol, ein Meditationsbild hilfreich sein, um ab und zu tief

durchzuatmen und den Stress des Alltags zu unter-
brechen durch wohlwollendes Da-sein-Dürfen.

22. RITUAL

Durchatmen und loslassen

„Nimm dir jeden Tag eine halbe Stunde Zeit zum Gebet, außer wenn du viel zu tun hast, dann nimm dir eine Stunde Zeit!", schreibt der heilige Franz von Sales – und wir müssen unwillkürlich lächeln darüber.

Zur Tragik heutiger Menschen gehört, dass sie in Zeiten der Verunsicherung und der Überforderung den Zugang zu den eigenen Ressourcen nicht fördern, sondern sich selber durch das Leben hetzen. Im französischen Wort Ressourcen steckt das Wort *source* – das heißt: Quelle. Die innere Quelle versiegt nie, doch es kann sein, dass ihre Kraft uns wenig belebt und erneuert, wenn und weil wir uns verkrampfen.

In Zeiten der Dünnhäutigkeit brauchen wir einen besonders wohlwollenden Blick uns selber gegenüber. Beim tiefen Durchatmen, mit beiden Füßen auf dem Boden stehend, erinnere ich mich: Es kommt wohl auf mich an, hängt aber letztlich nicht nur von mir ab.

23. RITUAL

Der Kraft des Augenblicks trauen

Einfach da sein können gehört zum Schwierigsten. Das Wesentliche ist schon da – in uns. Wir brauchen es nicht dauernd im Außen zu suchen, sonst jagen wir uns selbst durch das Leben. Zu Gast bei sich selber sein, bedeutet der Kraft der gemachten Erfahrungen zu trauen.

Darum nehme ich mir einen Abend pro Woche und verlasse mich auf die Kraft des Augenblicks: Ich sitze da, zünde eine Kerze an und lasse innere Bilder aufsteigen, die einen Raum zur Vertiefung möchten. Kraftvolle und schmerzliche Erlebnisse kommen da hoch. Ich versuche sie anzuschauen, ohne zu werten und zu beurteilen. Nach einer Stunde erst male oder schreibe ich das Wichtigste auf – damit ich es schließlich besser loslassen kann. Solche fernsehfreien Abende, auch zu zweit oder als Familie, erneuern unser Leben.

24. *RITUAL*

Kraft schöpfen aus der Bewegung

Oasen der Stille lassen sich auch beim Sport, beim Joggen und Schwimmen schaffen. Dazu braucht es meine besondere Entschiedenheit, mich mit Achtsamkeit zu bewegen. Ich nehme mich wahr in der Umgebung, in der ich bin, und ich erfahre darin Gott, der mich zu mehr Lebendigkeit bewegt. Indem ich mir autofreie Tage gönne, tue ich nicht nur meinem Körper beim Wandern Gutes, sondern ich fördere zugleich mein ökologisches Bewusstsein. Am Abend zu zweit schweigend unterwegs zu sein, lässt uns eine besondere, tiefe Kraft der Verbundenheit miteinander, mit der Schöpfung und mit dem ganzen Kosmos erfahren.

25. RITUAL

Kraftorte suchen

Um einen spirituellen Weg des Vertrauens zu gehen, hilft es mir, Kraftorte zu suchen, die mir an Leib und Seele guttun und mich bestärken, meiner Lebensaufgabe zu trauen. Dort spüre ich immer wieder, was mir zutiefst guttut, ich gewinne neue Energie.

Dieser Ort der Kraft kann an einer Quelle sein, einer Kirche, einem Kloster, einem Grab, einem Aussichtspunkt, einem Baum. Die Natur, aber auch besondere von Menschen gebaute oder gestaltete Orte können für mich einen Platz bieten, an dem ich Kraft spüre.

Umfassender und ganzheitlicher erfahre ich diese Kraft, wenn ich mich – je nach meiner körperlichen Befindlichkeit – zu Fuß zu diesem Ort aufmache, dorthin wandere. Dadurch drücke ich die innere Bereitschaft aus, einen Weg zu gehen, mein Le-

ben zu durchschreiten, meiner Seele Entfaltungs-
räume zu schenken.

Ich verweile an diesem Ort im bewussten Atmen
und lese mir Worte, die mich berühren und/oder
mir gerade viel bedeuten – ein Gedicht, ein Gebet,
eine Geschichte, einen Songtext, eine eigene Erkenntnis, ein biblisch-mystisches Wort – laut vor.
Dadurch erfahre ich die Kraft, die über diesen Ort
hinaus in meinen Alltag führt.

Ankommen

Ankommen
Abstand gewinnen
erahnen
wie mein Wert
aus meinem Sein entspringt

Unsicherheit vor dieser Leere
trotzdem vertrauend
dass sich das ganz Kleine
in mir entfalten kann
damit sich die Ur-absicht Gottes
auch in mir freilegen kann

Ankommen
da sein
mit sein
Ruhe finden
weil ich längst von dir
gefunden bin

Ohne Ziel
ankommen im Augenblick
gegenwärtig sein
befreit zur Einfachheit

Ohne Warum
eintauchen ins Jetzt
grundlos glücklich
bestärkt zur Lange-Weile

Ohne Absicht
aufgehoben im Ewigen
zeitlos sein
berührt zur Liebe

Öffne unsere Augen für Oasen

In der Sehnsucht nach innerer Freiheit
erahne ich die Spur zu dir
im Arbeiten an mir selber
im Wahrnehmen subtiler Abhängigkeiten
bricht deine Verheißung durch
Befreiung durch innere Heilung zu erfahren

Ziehe erneut mit uns aus
aus gut eingespielten Mechanismen
die unser Wachstum behindern
begleite uns in Durststrecken
und öffne unsere Augen für Oasen

Im Aufbrechen in das Land

wo unsere Lebensenergien fließen können

wo wir unsere Meinung einbringen

und auch ergänzen lassen können

bewirkst du aus tiefstem Grunde

Selbstwerdung und Solidarität

Mich setzen

Mich setzen
alles Erlebte dieses Tages setzen lassen
dir anvertrauen

Tief ein- und ausatmen
Dankbarkeit spüren
über all das Gelungene
das mich nun ausruhen lässt

Tief ein- und ausatmen
innehalten
mit all den ungelösten Fragen
damit ich sie danach
mit neuer Kraft angehen kann

Einfach dasitzen

weil du in mir wohnst und wirkst

und mich im Ein- und Ausatmen

erleben lässt

wie mein Wert aus meinem Sein entspringt

Innehalten
ein- und ausatmend
mich sammeln lassen
befreit zum Leerwerden

Innehalten
ein- und ausatmend
meine Gedanken ziehen lassen
befreit zum Schweigen

Innehalten
ein- und ausatmend
meine Bilder gehen lassen
bewegt zum Hier und Jetzt

Innehalten
ein- und ausatmend
Schmerzvolles vertiefen lassen
bestärkt zum Lebensbejahenden

Innehalten
ein- und ausatmend
erwachen zu mir selbst
tief verbunden sein mit allem

VI   Teil eines Ganzen

VI Teil eines Ganzen

„Was kann schon ein Einzelner oder eine Einzelne tun?", ist ein Satz, der oft unseren Alltag bestimmt – ausdrücklich oder auch unausgesprochen. Wenn wir so denken oder reden, prägt Ohnmacht unser Lebensgefühl. Angesichts globaler Entwicklungen fühlen wir uns klein und hilflos.

Mystische Menschen nehmen diese Spannung ernst; doch sie verweisen uns dabei auch auf die Wirklichkeit, dass einer und eine nie alleine ist, sondern Teil eines Ganzen. Diesen Gedanken finde ich auch am Ende des Holocaust-Filmes Schindlers Liste: „Einen Menschen retten heißt, die ganze Welt retten." An diese Worte erinnere ich mich, wenn die Ohnmacht mich lähmen will. Ich denke dabei an Menschen auf der ganzen Welt, die sich jeden Tag neu für das Gute, für Frieden in Gerechtigkeit einsetzen. Was oft in keiner Zeitung steht, ist eine Wirklichkeit, die Mut macht: Überall auf der Welt, auch in ausweglosen Situationen, wagen Frauen und Männer Friedensschritte. Im Widerstand gegen Rassismus, Ausbeutung, Kinderprostitution und Gewalt gestalten sie mit an einer Weilt, die gerechter und zärtlicher werden kann. In solchem Engagement ereignet sich Gott. Zu-mir-selber-Kommen, zu meinen Ressourcen, meinen inneren Quellen, bedeutet: zu Gott kommen und dadurch zur ganzen Welt. Die französische Mystikerin Madeleine Delbrêl (1904–1964) sagt es so: „Wer Gott umarmt, findet in seinen Armen die Welt."

Ein spiritueller Weg ist immer ein Weg der Solidarität, ein politischer Weg. Spiritualität und Politik beginnen in meinem Alltag, fangen an bei meiner ökologischen Achtsamkeit. Von da aus können wir glaubwürdig miteinander auch strukturelle Lösungen suchen. Wir sind Teil eines Ganzen.

26. RITUAL

Freiwilligenarbeit leisten

Erich Fromm wurde in seinem eindrücklichen Spätwerk „Haben oder Sein. Die seelischen Grundlagen einer neuen Gesellschaft" inspiriert vom mittelalterlichen Mystiker Meister Eckhart. Fromm ermutigt, das Leben mehr aus dem Sein heraus zu gestalten. Das bedeutet: die Spirale der Leistung zu durchbrechen und sich aus der schöpferischen Kreativität heraus zu engagieren. Ein Schritt in diese Richtung ist das ehrenamtliche Engagement. Ich setze einen bestimmten Teil meiner Zeit – zwei Stunden in der Woche, einen halben Tag im Monat oder wie viel auch immer – ganz bewusst für Freiwilligenarbeit ein. Damit gestalte ich mit an einer neuen Gesellschaftsform, in der die Menschlichkeit mehr Gewicht erhält.

27. RITUAL
Geld gut ausgeben

Jedes Mal, wenn ich mir etwas Besonderes gönne, gebe ich ebenso viel für ein Entwicklungsprojekt aus.

Ich informiere mich für meine finanziellen Aktivitäten über alternative Banken, deren Ziel nicht die Gewinnmaximierung, sondern eine würdige und gerechte Verteilung von Geld ist.

Ich informiere mich, wie eine gerechtere Geldanlage und die Unterstützung von Patenschaftsprojekten möglich wird.

Ich kaufe bewusst ein – Produkte, die auch den Arbeitenden faire Löhne ermöglichen.

28. *RITUAL*

Verbündete suchen

Das Bedürfnis, mich aufzuwerten mit dem, was ich habe, kann ich überwinden, wenn ich Verbündete suche, die sich sozial und politisch engagieren. „Mein Haus, mein Auto, mein Boot" – das verliert an Wichtigkeit. Auch in meiner Umgebung finden sich Menschen, die ihre Spiritualität im konkreten Engagement ausdrücken wollen. Inspirierende Dossiers wie «Mensch oder Profit. Woran die Pflege krankt» oder «Arbeiten und Leben nach Corona. Was wir aus der Krise lernen können» sind erhältlich bei: Publik-Forum – christlich-kritisch-unabhängig – Postfach 2010, D-61410 Oberursel – www. publik-forum.de –

29. *RITUAL*

Multikulturelles Zusammensein fördern

Die Angst vor dem und den Fremden nimmt zu. Politische Appelle und Reden, die den Rechtsextremismus entlarven, sind absolut notwendig. Zugleich braucht es Menschen, die durch Begegnungen erfahren, dass Menschen verschiedener Kulturen voneinander lernen können. Ein großer kultureller Reichtum erwartet uns, wenn wir multikulturelle Feste feiern. Wir können eine neue Essenskultur entwickeln, in der wir in unserer Straße, unserem Wohnviertel, unserem Dorf und in Gemeinden Orte der Gastfreundschaft entfalten. Wo Menschen miteinander kochen und essen, verschiedene Speisen kennenlernen und genießen können, da entsteht Nähe und Gemeinschaft.

30. *RITUAL*

Achtsamkeit im Alltag

Ich entwickle eine ökologische Achtsamkeit im sparsamen Umgang mit der Energie, im Benutzen von öffentlichen Verkehrsmitteln, im biologischen Gartenbau, im Benutzen von mitweltverträglichen, biologisch gut abbaubaren Hausreinigungsprodukten, im Widerstand gegen atomare Bedrohung.

DU bist Gerechtigkeit
lebst in all den Initiativen
die sich nicht an Ausbeutung gewöhnen

DU bist beharrliche Geduld
wirksam in all den Menschen
die einen langen Atem der Hoffnung einüben

DU bist leidenschaftliche Kraft
erfahrbar in einer Widerstandskultur
die den aufrechten Gang fördert

DU bist wohlwollende Zuwendung
spürbar im Glauben an das Gute im Menschen
der täglich neu entfaltet wird

Klar-Stellung

Was gilt?

Du stellst dich auf die Seite der Ausgegrenzten
    ohne die Reichen zu verurteilen
    du entlarvst ihre Habgier
    ohne sie auszugrenzen

Lehre mich jenen klugen Widerstand
    der unbequem bleibt
    ohne verbissen zu werden

Mein ganzes Dasein

Mein ganzes Dasein
mein ganzes Herz öffnen
um annehmen zu können
dass es immer ein
gebrochenes Herz sein wird

Mich in dein Mitsein verwurzeln
lässt mich Vertrauen finden
in meinen Lebensweg
zugleich mich denen zuzuwenden
deren Verwundungen
nach Heilung schreien

Dein Dasein und Mitsein
führt zur inneren Ruhe
und zum Mitleiden
in Nähe und Distanz

Da sein im
Ein- und Ausatmen
weil ich dadurch verbunden
bin mit allem
mit dir
atmender Geist

Nährende, erhaltende Kraft

Nährende, erhaltende Kraft, Gott,
du bist unsere Quelle. Begleite uns
jeden Tag neu zur Quelle und trage uns,
wenn uns unterwegs die Kraft verlässt.

Verbindende Hoffnung, Christus,
sei uns nahe in unseren Ängsten und Fragen,
stifte uns an zum solidarischen Aufbruch
mit Kindern und Jugendlichen,
damit deine segnende Kraft spürbar wird.

Befreiender Atem der Hoffnung, Schwester Geist,
durchbrich unsere Vereinsamung und
stärke unsere Fantasie,
bewege uns, das Gute in uns selber und
in den anderen zu entdecken.

Sprich uns das Gute zu
und segne uns.

VII Engagierte Gelassenheit

Gelassenheit hat nichts zu tun mit Oberflächlichkeit oder „Coolsein". „Lassen" kann ich ja nur das, was ich zuerst getan, gehabt oder wahrgenommen habe. Ein gelassener Mensch spürt seinen Ärger, denn er hat seinen Grund – und er kann ihn dann auch wieder lassen.

Jesus ist für mich jemand, bei dem ich diese engagierte Gelassenheit lerne. Jesus verliert sich nicht in den brennenden Fragen, sondern schafft zuerst Distanz, um Kraft zu schöpfen. Oft stürzen wir uns in Situationen, in denen wir besonders gefordert sind, in die Aufgaben hinein – mit der Gefahr, uns darin immer mehr zu verlieren. Dabei kann es dazu kommen, dass wir immer mehr „gelebt werden" –

und zu wenig im Einklang mit uns, mit den anderen, mit der Schöpfung leben.

In Zeiten der Verunsicherung, der Entscheidungen, der Belastungen, der Trauer brauchen wir mehr denn je Räume, in denen wir aufatmen können. Eigentlich sind diese Räume schon da, doch wir benutzen sie zu wenig. Dabei kann ich mir ganz sicher sein: Mein Tun, mein Einstehen für Gerechtigkeit in dieser Welt bewirkt mehr, wenn ich mich zuerst sammle und in Berührung komme mit der göttlichen Quelle in mir.

Ohne Distanz zu den Ereignissen des Lebens ist dies kaum möglich. Dabei wende ich mich nicht ab von der Not, sondern schaffe zuerst einen Raum des Innehaltens, um überzeugender auftreten zu können. Engagierte Gelassenheit ist in unserem Atem angelegt: Ein- und Ausatmen verweisen uns auf das Zupacken und Loslassen. Beides braucht es, damit Leben gelingen kann.

31. RITUAL

Sich in die Augen schauen

In den Zeiten meines Lebens, in denen ich mich verunsichert fühle, in denen Ungewissheit sich breit macht, achte ich darauf, mir morgens vor dem Spiegel wirklich in die Augen zu schauen.

* Ich schaue mir in die Augen und begegne mir mit dem Wohlwollen, das ich jetzt brauche, um die Unsicherheit als Chance eines Neuanfangs sehen zu können.

* In meinen Beziehungen, gerade da, wo ich mich verunsichert fühle, übe ich ein, den anderen in die Augen zu schauen.

* In Diskussionen und Teamsitzungen, in denen wir uns immer wieder zu sehr in Sachfragen verlieren, ist es hilfreich sich zu fragen, ob darunter/dahinter nicht die Frage der gegensei-

tigen Akzeptanz und der Anerkennung steckt. Diese tiefere Beziehungsebene wird im Gespräch gefördert, wenn wir einander in die Augen schauen. Wenn es mir schwerfällt, den anderen in die Augen zu schauen, dann ist dies ein Signal, zuerst die persönliche Ebene zu klären, um sich nicht in Sachfragen zu verlieren.

32. *RITUAL*

Symbole

In einem Symbol können wir verdichten, was wesentlich ist im Leben, im Arbeiten, in unseren Beziehungen. Ein Symbol hilft uns, das Leben nicht nur mit dem Verstand zu sehen; das ist eine eingeschränkte, eindimensionale Sichtweise. Das Symbol schafft Zwischenräume des Innehaltens.

Eine große leere Schale im Zimmer kann mir zur Einladung werden, Schwieriges immer wieder symbolisch hinein- und abzulegen. In Momenten des Gekränktseins, in denen ich gewisse Sätze nicht lassen kann, kann es heilsam sein, sie aufzuschreiben und in diese Schale zu legen und irgendwann zu verbrennen.

Wenn ich achtsam und mit einer Frage unterwegs bin – bei Spaziergängen oder Wegen, die ich im Alltag zurücklege –, kann anderes mir zum Symbol werden für das, was mich bewegt. Ein Blatt, ein

Zweig, eine Farbe, ein Bild kann ich mir mitnehmen nach Hause und sichtbar aufstellen.

33. *RITUAL*

Den Körper spüren und lockern

Sich dehnen und strecken und gerade dasitzen, den Rücken sich entspannen lassen, die Schultern lockern, sind für mich nicht nur lebensnotwendige Körperübungen, die ich mindestens einmal pro Stunde tue, sondern Ausdruck eines ganzheitlichen Betens. Beten heißt für mich nicht: Gott erreichen, sondern aufatmen, dass ich schon in ihm bin, er neben, unter, über, in mir ist, mich ganz umgibt.

34. RITUAL

Zunehmender Druck:
sich nicht in der Opferrolle verlieren

Zeiten hoher Belastung bringen die Gefahr mit sich, dass ich irgendwann unbewusst die Verantwortung für das Geschehene abgebe – und dadurch einen Zugang zu meinen Lebensenergien verschließe. Ich lasse geschehen, mache zu und lasse Entscheidungen über mich ergehen; das bedeutet letztlich, dass ich mich in der Opferrolle verliere. Anstatt mein Selbstvertrauen zu fördern und achtsam wahrzunehmen, was vor sich geht, gebe ich den anderen zu viel Macht und bleibe hinter meinen Entfaltungsmöglichkeiten zurück.

Natürlich können wir nicht immer mitentscheiden im Leben. Natürlich werden manchmal über unsere Köpfe hinweg Entscheidungen getroffen, die wir scheinbar „ausbaden" müssen. Dies will ich nicht beschönigen. Um mich darin nicht zu verlieren, suche ich mir Beratung, um zu entdecken, wo in dieser Situation meine Wachstumchance, meine Persönlichkeitsreifung liegt. Echte Gelassenheit entfaltet sich, wenn ich lerne, auch schwierige Umstände auszuhalten, um bestimmt-geduldig zu entdecken, ob es sich lohnt zu bleiben oder ob ich aufbrechen muss.

35. RITUAL

Lebensbehindernde Muster entdecken

„Was hindert dich, eine Entscheidung zu treffen?", ist eine Frage, die ich mir und vielen Menschen stelle, die mehr aus der Lebenstiefe, aus Gelassenheit ihren Berufsalltag gestalten möchten. Ich gehe bei dieser Frage davon aus, dass wir lebensbehindernde Gedanken, Motive, Mechanismen mit uns schleppen und uns schwer tun, sie zu lassen. In Entscheidungssituationen beginnt für mich der Weg zu mehr Gelassenheit beim Auflisten von lebenslähmenden und lebensfördernden Gedanken:

* Welche lebensbehindernden Sätze prägen mein Leben? Falls es möglich ist, erinnere ich mich an die Personen, die sie mir mitgegeben haben. Auf einem großen Blatt schreibe ich auf der einen Seite all die lebensfeindlichen Muster auf.

* Welche lebensfördernden Worte haben mir geholfen und helfen mir immer noch, entschiedener im Leben zu stehen? Ich schreibe sie auf die andere Seite des Blattes auf, um ihnen mehr Gehör, Beachtung und Gewicht zu schenken.

Beim Aufstehen

Beim Aufstehen
mich nicht im Druck verlieren
schon weiter sein zu müssen
dastehen
den Boden spüren
der mich den ganzen Tag
hindurch tragen wird
uraltes Bild von Gott
der tragender Grund ist
in meinem Leben

Beim Aufstehen
stehen bleiben
zu mir stehen
im Ein- und Ausatmen
jene Quelle in mir entdecken
die mich den Tag hindurch
inspirieren wird

um mit Kreativität

mit Effizienz

menschliche Lösungsansätze

in scheinbar unlösbaren Fragen

zu entdecken

Beim Aufstehen

meinen Lebensentwurf weiterentwickeln

im Vertrauen in die Kraft der Gegenwart

denn nur so werde ich

auch in der Zukunft

die nötige Lebenskraft finden

um Sachzwängen und Belastungen

gelassener zu begegnen

dank DIR

Dasitzen

Dasitzen
tief ein- und ausatmen
meine Auflageflächen wahrnehmen
meine Füße mit jedem Ausatmen
noch mehr wirklich auf dem Boden
niederlassen
und dabei Druck abgeben
weil ich nicht alles im Kopf
und in meinem Schulterbereich
festhalten muss

Dasitzen
vor der nächsten Anforderung
mir einen Moment des Innehaltens gönnen
meine Auflageflächen wahrnehmen
meinen Beckenraum
noch mehr wirklich auf dem Stuhl niederlassen
und dabei Druck abgeben

in meine verkrampften Stellen hineinatmen
einfach so gut es geht
mit Wohlwollen und Bestimmtheit

Dasitzen
mein Selbstvertrauen stärken
in der Dankbarkeit dem Leben gegenüber
im tiefen Ein- und Ausatmen spüren
was mir Kraft schenkt
was mir guttut
was gelungen ist seit heute Morgen
darin das Wirken Gottes erahnen
um achtsamer mich neu einzulassen
auf die Anforderungen des Lebens

Abends

Mich ausgestreckt auf den Boden legen
den Druck des ganzen Tages abgeben
DIR überlassen

Das richtige Lot finden
mein Selbstwertgefühl entfalten
indem ich der Kraft des Entspannens traue
tief ein- und ausatme
um mich noch tiefer auf den Boden
niederzulassen
dabei den tiefsten Grund meines Daseins
erfahren

Sein dürfen vor aller Leistung

Das Kraftvolle des Tages
noch einmal genießen
von Kopf bis Fuß Dankbarkeit spüren
über den Geschenkcharakter des Lebens
der auch in schwierigen Zeiten
mir entgegenkommt

Das Mühsame des Tages noch einmal erleben
in die Spannungen hineinatmen
um die Verkrampfung auf-lösen zu lassen

Beides

das Lustvolle und Unangenehme

versuchen loszulassen

um innere Ruhe zu finden

vertrauend

dass dein Geist

auch im Schlaf in mir atmend

mich entspannt

mich stärkt

mich mit Schöpfung und Kosmos verbindet

Gelassen einfach sein dürfen

In Zeiten hoher Belastung

In Zeiten hoher Belastung
in denen ich mich überfordert fühle
und meine Arbeitsmotivation sinkt
weil der Druck der Sachzwänge
von Tag zu Tag zunimmt
da suche ich vermehrt
den Zugang zu meinen Ressourcen
im Einüben des bewussten
Ein- und Ausatmens

In Zeiten hoher Belastung
in denen sich in mir und um mich herum
eine Unzufriedenheit ausbreitet
und ich vor allem wahrnehme
was schwierig ist in meinen Beziehungen
und mir die Kraft fehlt
dem Lebensfördernden mehr
Gewicht zu verleihen

da nehme ich mir stündlich Zeit
um die Achtsamkeit zu entfalten
auf all das was mir guttut und
was ich brauche zum Leben

In Zeiten hoher Belastung
in denen ich den Kontakt zu mir verliere
und mich dann wie abgeschnitten fühle
von den anderen und meiner Mitwelt
weil ich zu sehr Lösungen außen suche
und zu wenig den Mut habe
in mich zu schauen
um mich er-lösen zu lassen
vom Irrtum alles selber tun zu müssen
da gebe ich im bewussten Bodenkontakt
Druck ab

Einatmend
spüre ich Gott als Grund
der mich trägt und aufrichtet

Ausatmend
gebe ich Druck ab
weil es nicht nur von mir abhängt

Einatmend
wachse ich ins Selbstvertrauen hinein

Ausatmend
fließt meine Lebensenergie neu

VIII   Krise als Weg

VIII   Krise als Weg

„Und glaubet mir auf mein Wort, dass keine Drangsal im Menschen entsteht, es sei denn, Gott wolle eine neue Geburt in ihm herbeiführen": Das sind altertümliche Worte des Mystikers Johannes Tauler, der im 14. Jahrhundert lebte. Sie sind mir in einer Lebenskrise, bildlich gesprochen, „Licht in dunkelster Nacht" geworden. Vor Jahren fing mein Lebensgebäude, das ich so erfolgreich aufgebaut hatte, zu wackeln an. Ich verlor die Orientierung, die anderen, und sogar Gott, für den ich als Priester quasi einstand, kamen mir immer mehr abhanden. Wie wild kämpfte ich gegen diese Situation – die dadurch immer schlimmer wurde. Obwohl ich schon jahrelang Menschen in Krisensituationen begleitete, passte sie nicht in mein eigenes Lebenskonzept. Erst der massive Leidensdruck einer wochenlangen Schlaflosigkeit zwang mich, zu meiner tiefen Verunsicherung zu stehen. Dabei sind mir diese Worte von Johannes Tauler zur Lebenshilfe geworden.

Wenn ich lebendig bleiben und meine Beziehungen, auch meine Beziehung zu Gott, lebendig erhalten will, dann komme ich nicht um die Erfahrung des „Zu-Grunde-Gehens" herum. Die Krise ist eine Chance, in der Neues entstehen kann – ich sage mit Tauler dazu: damit Gott in mir neu geboren wird. Sie ist eine Herausforderung, auf dem Grat zu wandern, den Abstieg in den eigenen Grund nicht zu scheuen und so Selbsterkenntnis einzuüben und zu lernen.

In einer Krise verbirgt sich die Zusage, innerlich freier zu werden, indem ich mich löse von falschen Idealbildern von mir selber und anderen. Authentisch werden ist das Ziel jeder Krise – nicht eine Kopie der Erwartungen anderer zu sein, sondern ein Original.

Eine solche Entwicklung hin zu mir selbst ist tatsächlich einem Geburtsprozess vergleichbar – und er wird uns zugemutet, damit wir selbstbewusster und gelöster im Leben stehen können.

Dazu gehört, die eigene Bedürftigkeit, die eigene Verletzlichkeit und letztlich das eigene Sterben mehr ins Leben zu integrieren. Die Kraft der Krise wird erfahrbar, wenn ich lerne, Hilfe anzunehmen und mich anderen auch mit meinen Schwächen zumute. So erfahre ich tiefste Menschlichkeit, nach der ich mich so sehr sehne: Sein dürfen mit Stärken und Schwächen.

36. *RITUAL*

Begleitung suchen

Wenn ich aus innerer Freiheit heraus mein Leben gestalten will und nicht nur auf die Erwartungen der anderen reagiere, sondern aus meiner Mitte heraus agieren will, so ist es eine Vermessenheit zu meinen, das gelänge mir ohne unterstützende Begleitung. Ich suche mir eine Begleiterin, einen Begleiter, die/der mich unterstützt beim Entdecken meiner wahren Fähigkeiten, die/der mir hilft, subtile Abhängigkeiten wahrzunehmen, die mich hindern, mehr zu mir zu stehen und meine wirkliche Lebensaufgabe zu entdecken.

37. RITUAL

Das innere Kind umarmen

In einer Krisenzeit hilft mir das Bild meines inneren Kindes, das in mir ruft. Je mehr ich es in die Ecke stelle, umso lauter wird es schreien – oder schließlich ganz verstummen. Was mich depressiv werden lässt. Mein inneres Kind umarmen. Das bedeutet, die zerbrechlichen, unangenehmen, verletzlichen Seiten in mir liebevoll anzuschauen, damit sie verwandelt werden können. Geduld mit mir selber haben, sorgsam mit mir umgehen, auf die zarten Seiten in mir achten, sind Ausdruck solchen Wohlwollens. Das innere Kind zunächst wahrzunehmen, braucht Zeit; es hilft, bei dem inneren Bild von ihm zu verweilen, ihm vielleicht einen Satz zuzusprechen, dem spontanen Bedürfnis, dieses Kind in die Arme zu schließen, nachzugeben.

Dem inneren Kind mehr Beachtung schenken, es ernst nehmen, führt dazu, dass mein Rückgrat gestärkt wird, und fördert echtes Mitgefühl mit allen leidenden Wesen – Menschen, Tieren und der ganzen Schöpfung.

38. RITUAL

Das Kreuz umarmen

Im Dastehen mit ausgebreiteten Armen, in Kreuzform im Zimmer, im Garten, im Wald, verinnerliche ich, dass das Kreuz – das ist das Schwere, das Leid, das Dunkle – zum Leben gehört. Ich verschließe mich ihm nicht – mit ausgebreiteten Armen öffne ich mich. Das Kreuz zu umarmen, lässt mich den mitschreienden Gott erahnen, der uns einem neuen Morgen entgegenführt.

39. RITUAL

Mir selber einen Brief schreiben

Damit die Unterbrechungen in unserem Leben Durchbrüche zu neuer Lebensqualität werden können, brauchen wir den wohlwollenden Blick uns selbst gegenüber. In einer Krisenzeit melden sich oft Seiten in mir, die ich nicht wahrhaben will oder die ich zu wenig gelebt habe. Damit ein Verwandlungsweg möglich wird, braucht es ein tiefes Verständnis für diese Situation. Oft bringen mir andere Menschen mehr Verständnis für Verunsicherung und Umbrüche entgegen als ich mir selber. In einer persönlichen Krisenzeit ist es darum hilfreich, sich selber ab und zu einen Brief zu schreiben. Dadurch kreise ich nicht um mich selber und staue Gefühle oder Gedanken in mir auf, sondern ich finde eine Ausdrucksform oder schaffe Distanz zu meinem Schmerz.

40. RITUAL

Ich bin angenommen –
auch wenn ich scheitere

Wir müssen alles tun, um das Leiden in unserem Leben zu verhindern – und zugleich jeden Tag annehmen, dass das Leiden zu unserem Leben gehört. Denn es gibt keine Liebe ohne Leiden.

Das bedeutet, sich zu verabschieden von der Vorstellung, dass wir auf dieser Welt grenzenloses Glück und Harmonie erfahren werden. Paradoxerweise – und das wissen wir erst, wenn wir uns darauf einlassen – werden wir umso glücklicher, wenn wir zutiefst annehmen können, dass das Unglücklichsein zu unserem Leben gehört.

Damit diese tiefe Lebensweisheit sich nicht nur in unserem Kopf abspielt, sondern auch emotional in uns leben darf, kann es hilfreich sein, einen Gedanken wie „Ich darf schelten" oder „Meine Würde liegt in meinem Begrenztsein" oder „Auch als scheiternder Mensch bin ich angenommen" an meinen

Spiegel, den Kühlschrank, die Tür oder im Innern meines Kleiderschrankes aufzuhängen, auf meinen Terminkalender zu kleben oder mir als Bildschirmschoner einzurichten, damit ich während Wochen und Monaten langsam und bestimmt in diese Wirklichkeit hineinwachsen kann.

In der Konfrontation
mit der Härte des Lebens
wünsche ich dir Wegbegleiter*innen
die dir im intensiven Zuhören
den Zugang zu deinen Gefühlen ermöglichen

In der Auseinandersetzung
mit den Grenzsituationen des Lebens
wünsche ich dir Verbündete
die dich durch beharrliches Nachfragen
auf deine Antworten stoßen lassen

In dem Ausgeliefertsein
in schweren Krisenzeiten
wünsche ich dir einen Engel
der dich auf dich selbst zurückwirft
zu deinem authentischen Dasein

Im Zupacken und Geschehenlassen
im Kämpfen und Loslassen
in Widerstand und Ergebung
ereignet sich unerwartet
eine bereichernde Lebensqualität

Sei gut zu dir
in Zeiten der Krise
dank der wohltuenden Erinnerung
an deine unverwechselbare Einmaligkeit

Sei dir gut gesinnt
in Zeiten der Verunsicherung
dank der bestärkenden Grundhaltung
viel mehr zu sein als deine Leistung

Sei gut zu dir
in Zeiten des Umbruchs
dank der aufrichtenden Hoffnung
aufgehoben zu sein in der Liebe

Sei dir gut gesinnt
in Zeiten der Entscheidung
dank dem leisen Vertrauen
am Schweren wachsen zu können

Schmerz fließt durch mich

Schmerz fließt durch mich
von einer Körperstelle zur andern
Spannungen bestimmen mein Leben

Verhärtet
versteinert
verbittert
will ich befreit werden

Im Fallenlassen
mich dir überlassen

Du bist gesegnet
in deiner Dünnhäutigkeit
sie lässt dich menschlicher werden

Du bist gesegnet
in deiner Liebeskraft
sie lässt dich Verwandlung erfahren

Du bist gesegnet
in deiner Verunsicherung
sie lässt dich sensibler werden

Du bist gesegnet
in deiner Sehnsucht
sie lässt dich Vertrauen spüren

IX   Verbunden mit der Schöpfung

IX Verbunden mit der Schöpfung

„Gott atmet in allem, was lebt", sagt Hildegard von Bingen – die Heilkundige, Weise, Mystikerin des 12. Jahrhunderts. Es sind Worte, die mein Leben verwandelt haben. Im Kopf war mir längst klar, dass wir Teil der Schöpfung sind, doch mit Leib und Seele habe ich diese Wirklichkeit zu wenig wahrgenommen. Als Kind habe ich die Worte des heiligen Augustinus zu Pfi ngsten – „Atme in mir, Heiliger Geist" – auswendig gelernt. Doch mir war bis vor einigen Jahren nicht bewusst, dass diese Bitte ganz konkret mit meinem Atem zu tun hat.

Im Französischen heißt auswendig lernen *apprendre par coeur,* mit dem Herzen lernen. Da liegt für mich die Spur. „Man sieht nur mit dem Herzen gut,

das Wesentliche bleibt für die Augen unsichtbar",
sagt der kleine Prinz von Antoine de St. Exupéry.
Die Kraft des Wesentlichen lebt in der Schöpfung.
Der Rhythmus der Jahreszeiten wird uns zur Hilfe,
lebendig zu sein – wenn wir nämlich nicht dauernd
Höchstleistungen erbringen müssen, sondern auch
uns, wie der Natur im Winter, eine Ruhezeit gönnen dürfen. Wenn die Natur im Winter ihre ganze
Kraft zurücknimmt und scheinbar nichts geschieht,
ereignet sich höchste Aktivität. Im Verborgenen
sammelt sie ihre Kraft, um im Frühling mit größ-
ter Energie – Hildegard von Bingen nennt das die
„Grünkraft" – wieder an die Oberfläche zu brechen
zum Wohle der ganzen Schöpfungsfamilie.

In Ruhezeiten, in denen ich nichts direkt „Produkti-
ves" leiste, in einer kürzeren oder längeren Sabbat-
zeit, sammle ich im Innehalten neue Energie; mir
wird in solchen Zeiten deutlicher, worauf es wirklich ankommt in meinem Leben.

So lerne ich von meinen Mitgeschöpfen – und mein
Atem ist es, der mich mit allem verbindet, den

Pflanzen, den Tieren, den Mineralien, der ganzen Schöpfung und dem Kosmos. Aus dieser spirituellen Haltung wächst jene ökologische Achtsamkeit, die aus Liebe zum Ganzen lebt.

41. RITUAL

Bewusst in der Natur verweilen

Beim Verweilen in der Natur, etwa beim Joggen oder beim Wandern, erinnere ich mich, dass Gott in allem atmet, was lebt. Wir sind „umfangen von den Umarmungen Gottes" (Hildegard von Bingen). Solche kraftvollen Momente des Staunens lassen mich voll Dankbarkeit himmelwärts schauen. Und wenn ich wirklich mit beiden Füßen auf dem Boden stehe, erfahre ich auch entsetztes Staunen. Ich nehme neben dem Ergriffensein auch all das Himmelschreiende wahr, all die bedrohten und in den Wahnsinn getriebenen Kreaturen. Ein schöpfungszentrierter Mensch erfährt beides: Ergriffensein und Entsetzen. Er verliert damit nicht den Boden unter den Füßen, sondern ist darin geerdet und dem Himmel zugewandt zugleich.

42. *RITUAL*

Die Schöpfung segnen

Segnend mit der Schöpfung umgehen, bedeutet sie gutzuheißen. Wir können mit der Erde nicht umgehen, als ob wir eine zweite in Reserve hätten! Wir segnen sie, indem wir behutsam mit ihr umgehen und ökologische Achtsamkeit üben: indem wir Fahrrad fahren, öffentliche Verkehrsmittel benutzen, biologische Produkte kaufen und faire Preise bezahlen. So genießen wir die Gaben der Schöpfung und tragen Sorge für sie, damit auch unsere Kinder eine Zukunft haben.

43. *RITUAL*

Mit allen Sinnen die Natur erleben

Ein spiritueller Mensch ist ein sinnlicher Mensch. Gott ist Sinnlichkeit, Schöpfer allen Lebens. Im Garten kann ich das besonders intensiv erfahren. Wenn ich den Duft von Erde, Blumen und Kräutern genieße, heilende und wohlriechende Kräuter anpflanze, bei der Gartenarbeit staunend innehalte vor einer Blume, das Gemüse anschaue und rieche. Alles, was ich sehe und rieche, der Wind und die Sonnenstrahlen, die ich auf der Haut spüre, die Erde, die ich in den Händen halte: Das alles verbindet mich mit dem Lebensatem der ganzen Schöpfung.

44. *RITUAL*

Die vier Jahreszeiten annehmen

Wir Menschen brauchen spirituelle Lehrmeisterinnen und Lehrmeister. Die Schöpfung wird uns zur Lehrmeisterin, und wir können die vier Jahreszeiten als innere Wachstums- und Reifungsprozesse sehen lernen. Eine selbstbewusste Spiritualität entfaltet sich im tiefen Eingebundensein in ein größeres Ganzes. Brache und Ruhezeiten, Aussaat und das Keimen des Neuen, Wachstum und Entfaltung, Reife und Ernte sind Prozesse, die wir in der Natur um uns wie in unserem eigenen Leben beobachten.

Achtsamkeit, Pflege und Geduld sind nötig, damit ein zarter Keim zur Reife kommt, Erfolg, Überraschung, Enttäuschung und Stolz begleiten den Weg bis zur Ernte.

Sinnfällig wird all dies, wenn wir uns in der Wohnung einen Jahreszeitenteller einrichten, der uns alltäglich daran erinnert, wie wir durch die Weisheit der Schöpfung mehr Mensch werden können.

45. RITUAL
Selbst schöpferisch werden

„Jedes Kind ist ein Künstler. Das Problem besteht darin, wie es ein Künstler bleiben kann, wenn es aufwächst", sagt Pablo Picasso. Ich lasse mich von der Vielfalt der Schöpfung anregen, selbst schöpferisch zu werden: Viel liegt noch in uns brach, was entfaltet werden möchte. Wir brauchen unsere schöpferischen Fähigkeiten nicht auf bekannte Künstlerinnen und Künstler zu projizieren, sondern wir können selbst kultivieren, was in uns an Kreativität vorhanden ist. Jede Lebensphase birgt in sich die Chance, neue künstlerische Kräfte zu entfalten. Denn sie wurden uns von Gott geschenkt, damit wir uns daran freuen und stärken und sie so weiterschenken können.

Nicht perfekt muss sein, was so entsteht: Schön ist es, weil ich gewagt habe, es selbst zu machen.

Ich inspiriere andere und lasse mich von anderen inspirieren, in mir zu entdecken, was schon da ist, was ich aber selbst zu wenig sehe.

DU

Schöpferin allen Lebens

lehre mich das Staunen

über die alltäglichen Wunder

fördere in mir das Entsetzen

über den lieblosen Umgang mit Tieren

sie du aus Liebe zum Leben

die Widerstandskraft in mir

DU

Quelle aller Beziehungen

wecke in mir das Staunen

über all die bestärkenden Begegnungen

die von deinem großen Segen erzählen

fördere in mir das Entsetzen

über all die Gewalt

die Menschen einander antun

stehe du aus Liebe zum Menschen

auf in mir für die Menschenrechte

DU

heilende Geistkraft

berühre uns zu einem staunenden Blick

der Kulturen zusammenführt und

der Klimagerechtigkeit unterstützt

fördere in mir das Entsetzen

über all die Ausgrenzungen

die uns vom Sinn des Lebens entfernen

sei du die verbindende Kraft in uns

die zur ansteckenden Kreativität bewegt

Sehen mit offenen Augen

Sehen
mit offenen Augen
staunen wie du Gott
lebendig bist in Schöpfung und Kosmos

Sehen
mit geschlossenen Augen
wie du mich bewohnst und bewegst
staunen wie du in mir atmest
und meine ökologische Achtsamkeit
wachhältst

Sehen
mit offenen Augen
mich begeistern lassen
von all den vielen Wundern
die du uns alltäglich zufließen lässt

Sehen
mit geschlossenen Augen
dich als tiefsten Seelengrund erfahren
um mich mit meinen Gaben und Grenzen
annehmen zu können

Sehen
mit offenen Augen
die brennenden Fragen unserer Zeit
wahr-nehmen
Wut und Entsetzen spüren
um mit dir den Traum einer gerechteren Welt
umzusetzen im solidarischen Miteinander

Du atmest in allem, was lebt

Mutter Geist,
du atmest in allem, was lebt.

Schwester Geist,
du bist der verbindende Lebensatem der
ganzen Schöpfung.

Freundin Geist,
du lebst in uns,
in der achtsamen Verbundenheit mit allen
Geschöpfen.

Dein Name wird geheiligt
im dankbaren Staunen und Verweilen in
deiner Schöpfung.
Im heilenden Umgang miteinander
bist du uns bestärkend und tröstend nahe.

Dankbar mich verneigen

Dankbar mich verneigen
voll Staunen voll tiefer Liebe zur Schöpfung

Dankbar mich verneigen
weil du Anfang und Ende bist
Zuwendung im Ringen nach Sinn

Dankbar mich verneigen
voll Erinnerung an all das Gute
das du bewirkst

Deine Schöpfung

Gott, unser Schöpfer
deine Schöpfung seufzt und stöhnt
und weckt uns auf
aus unserem Schlaf der Oberflächlichkeit.
Öffne unsere Augen, Ohren und Herzen für
deine geheimnisvoll-nahe Gegenwart
in der Schöpfung.
Verzeih uns, dass wir dein Wesen,
deinen Namen als Schöpfer
missachtet haben im lieblosen Umgang
mit unserer Mitwelt.

Bewege uns, mit Beharrlichkeit und Fantasie
neue Energieversorgungen zu fördern,
die dir und uns allen gerecht werden.
Sprich uns Versöhnung zu,
damit wir konfliktfähig
die Bewahrung der Schöpfung leben,
im Geiste deines Sohnes,
der sich schützend in die Schöpfung stellt.

X Mit dem Abschied leben

Kaum etwas ist schwerer zu lernen im Leben als der Abschied – und der endgültige Abschied, der Tod. Wenn ich auf mein Leben zurückschaue, dann habe ich angesichts des Todes eines Menschen das Leben immer besonders intensiv erfahren. Beim Begleiten meiner Mutter zum Sterben ist mir diese Erfahrung geschenkt worden. Sie starb innerhalb weniger Monate an Krebs. Obwohl ich durch diese brutale Krankheit oft an die Grenzen meiner Kräfte kam, möchte ich keine Sekunde dieses Abschieds missen. Ich habe das Zentrum christlichen Glaubens – Kreuz und Auferstehung – erlebt, ich habe erfahren, dass Tod und Leben, Lachen und Weinen, Angst und Vertrauen nahe beieinander sind.

Nachdem meine Mutter gestorben war, hatte ich wochenlang schreckliche Träume, in denen ich das Furchtbare dieser Krankheit nochmals durchlitt. Ich lernte diese Bilder auszuhalten, bis ich einige Monate später – es braucht viel Trauerzeit – folgenden Traum hatte: In aller Deutlichkeit sah ich meine Mutter auf dem Balkon, wie sie Blumen goss. Ganz erschrocken fragte ich sie, was sie denn da mache, sie sei doch tot. Mit kraftvollen Augen schaute sie mich an und erwiderte mir: „Ich bin doch da!" Leibhaftig habe ich ihre Nähe gespürt – und das Blumengießen war mir ein Bild von der lebenspendenden Kraft, die ich über ihren Tod hinaus erfuhr. Aus diesem Überzeugtsein von der Kraft des Lebens, die sich angesichts des Todes erfahren lässt, wünsche ich allen Menschen die Begleitung von Sterbenden: dabei können wir ungeahnte Lebendigkeit erfahren!

46. RITUAL

Mein Dasein genügt

Wenn ich den Grenzen des Lebens nahe komme, etwa bei einer Krankheit, einem Unfall, bei Behinderungen, angesichts des Sterbens, kann ich das Wesentliche unserer Lebensaufgabe einüben: *da zu sein!*

Ich muss – und kann – nichts mehr tun, nichts sagen; sondern die Kraft des Daseins einüben, erfahren, weiterschenken. Einander die Hände zu halten, wird zur heilenden Nähe Gottes. Es genügt, einfach da zu sein! So helfen wir Kranken, ihre Krankheit anzunehmen, wir helfen den Sterbenden, sterben zu können – und wir lernen, Verletzlichkeit und Tod in unserem Leben anzunehmen.

47. RITUAL

Dem Abschiedsschmerz
symbolisch Ausdruck geben

Wenn wir einen Menschen verlieren oder auch von einer großen Hoffnung Abschied nehmen müssen, brauchen wir Raum zum Trauern. Wir müssen uns dagegen wehren, zu schnell zur Tagesordnung überzugehen. Unsere Seele schreit auf, wenn wir uns keine Zeit zum Loslassen geben.

Nach dem Tod eines Menschen richte ich darum einen Ort in der Wohnung ein, an dem ein Foto oder ein Symbol, das mich/uns an die Verstorbene, den Verstorbenen erinnert, seinen Platz hat. Auch dem Scheitern eines Planes, einer Hoffnung, räume ich sichtbar Platz ein. Regelmäßig zünde ich ein Teelicht an, das den Tag und/oder die Nacht hindurch brennt, um dem Abschied Ausdruck zu verleihen. Es ist die Hoffnung, dass das bruchstückhafte Leben in Gott seine Vollendung findet.

48. *RITUAL*

Schwieriges loslassen

Bei Krankheit, Verlust des Arbeitsplatzes, beim Annehmen einer körperlichen, geistigen oder psychischen Behinderung, in einer Trennungs- oder Scheidungssituation, angesichts des Todes fällt das Loslassen schwer.

Wenn ich an die Grenze des Fassbaren komme, wenn der Schmerz unerträglich wird und meine Haut ganz dünn, dann kann ein regelmäßiges Verweilen an einem Bach, einem Teich, Brunnen oder See mir helfen, Schwieriges loszulassen. Ich kann ein Blatt, eine Feder, einen Stein nehmen, und bevor ich ihn ins Wasser werfe, berühre ich ihn ganz fest und spüre, wie viel es mich kostet, den Menschen und/oder die Lebensvorstellungen, um die es geht, loszulassen. Dann bereite ich mich vor, das Blatt aus meinen Händen zu geben, indem ich laut den Namen des Menschen sage, den ich loslassen möchte: „Sarah, ich lasse dich", „Markus, ich überlasse dich Gott" oder „Ich lasse den Wunsch nach dieser Arbeitsstelle los". Ich wiederhole dieses Ritual einige Male, je nach Situation auch jeden Tag wieder.

49. RITUAL

Sich mit dem eigenen Tod anfreunden

Durch die Begegnung mit dem Sterben in meiner Familie oder meinem Freundeskreis setze ich mich in Büchern, Filmen, Radio- und Fernsehsendungen mit diesem Lebensthema auseinander. Danach nehme ich mir Zeit für folgende Übungen:

* Was würde ich tun, wenn ich nur noch einen Tag zu leben hätte?

* Welche Grabinschrift wünsche ich mir und/ oder was möchte ich auf meiner Todesanzeige lesen?

Alleine und mit anderen nehme ich mir ab und zu, aber sicher einmal im Jahr Zeit, um mich diesen Fragen zu widmen. Eine sinnvolle Unterstützung dabei kann der regelmäßige Besuch eines

Friedhofes sein. Dabei konfrontiere ich mich mit der Tatsache, dass auch ich einmal dort sein werde. Was will ich bis zu einem Tode nicht verpasst haben? Die entscheidende Frage lautet: Gibt es ein Leben vor dem Tod?

50. RITUAL

Todesbilder aus den Medien

Durch die vielen Todesmeldungen in der Zeitung, durch die Filmtoten im Fernsehen ist die Abstumpfung und das Verdrängen des Todes eine große Gefahr. Um uns wirklich vom Tod treffen zu lassen, nehmen wir uns ab und zu beim Spazierengehen eine Weile Zeit, um jene Todesbilder, welche uns täglich in den Medien überfluten, bewusst aufzunehmen. In der Wohnung hängen wir ein Kriegsbild auf, um unseren Widerstand gegen den unnötigen Tod von so vielen Menschen zu stärken. Zugleich lernen wir miteinander, dass der Tod zum Leben gehört.

Durch unsere Hände

Gott,
dein Segen sei spürbar durch unsere Hände,
die halten und trösten können;
durch unsere Ohren,
die einfühlsam Trauer wahrnehmen können;
durch unser Rückgrat,
das ein Leben vor dem Tod fördert;
durch unser Herz,
das Menschen in uns
nach dem Tode weiterleben lässt.

Auf dem Weg zum Grab

Wir tragen dich zu Grabe
Schritt für Schritt
und vertrauen dich unserer Mutter Erde an

So vertiefen wir das Tragende unserer
Beziehung zu dir
dein Lachen und dein Weinen
deine Konfliktfähigkeit
und deine Versöhnungsbereitschaft
deine Gelassenheit und deine Leidenschaft
deinen Humor und deine Verletzlichkeit
deine Grenzen und deine Gaben

Schritt für Schritt versuchen wir
hineinzuwachsen
in das Urvertrauen
dass du in Gott hineingestorben bist
um auch in uns weiterzuleben

So vertiefen wir das Verbindende
unserer Beziehung
und sind aufgefordert
in unserer Lebensgestaltung
dem Tod einen Platz einzuräumen
damit uns ein beziehungsreiches Leben
vor dem Tod geschenkt sei
und dein Leben segnend weiterwirkt.

Abschied von einer schwierigen Beziehung

Im Schmerz der Trennung wünsche ich dir
die Entdeckung deiner eigenen Lebenskräfte.

Im Abschied am Grab wünsche ich dir
die Weltsicht, außer dem Schmerz
und den Verwundungen
auch das Gute zu sehen,
das in unserer Beziehung möglich war.

Im Aufarbeiten des Scheiterns
wünsche ich dir,
dass du Trauer leben
und deine Wut freilegen kannst,
damit dir irgendwann echte Versöhnung
über den Tod hinaus geschenkt sei
und du weiterhin an die Kraft
im Menschen glauben kannst.

Lass dir in deiner Verunsicherung,
in deinem Schmerz an der Schuld
Gutes zusprechen und
segensvolle Versöhnung.
Denn in der Suche nach Antwort
auf deine Fragen
liegt der Schlüssel
zu vertiefter Beziehungsfähigkeit.

In Zeiten des Abschieds

In Zeiten des Abschieds
den gemeinsamen Erfahrungen
nochmals ihre Bedeutung geben
damit ich sie leichter loslassen kann

In Zeiten des Abschieds
die Türe zu meinen Gefühlen
weit öffnen
sie als Einladung verstehen
meinem Leben Tiefgang zu ermöglichen

In Zeiten des Abschieds
angesichts des Todes
intensives Leben erfahren
im stillen Mitsein
im Fließenlassen der Tränen
in der zärtlichen Umarmung

In Zeiten des Abschieds
das Grundgeheimnis unseres Lebens
mit Leib und Seele verinnerlichen
Tod und Auferstehung
Sterben und Werden

In Zeiten des Abschieds
im Zerbrechen einer Beziehung
außer den Gefühlen von Wut
mir in Erinnerung rufen
was gut war und bleibt
um mich nicht selber
noch mehr zu verletzen

In Zeiten des Abschieds
mitgestalten an der Erneuerung
einer Trauerkultur
in der wir wirklich Mensch sein dürfen
mit unseren Tränen
mit unserem Lachen
mit unserem Schmerz
mit unserer Dankbarkeit
darin wird Christus ohne Unterlass

Zum Ausklang

Vertrauenswünsche

Mitten in den Stunden der Nacht
wünsche ich dir jenen Lichtblick
der dich erfüllt mit Dankbarkeit
der dich deinen tragenden Grund spüren lässt

Mitten in den Momenten des Zweifels
wünsche ich dir jenen Vertrauensschritt
der immer wieder möglich sein kann
weil der Weg das wirkliche Ziel ist

Mitten in den Zeiten der Ohnmacht
wünsche ich dir jenes Freundschaftszeichen
das dich erinnert an aufrichtende Erfahrungen
die vom heilenden Durchbruch erzählen

Raum für das Unglaubliche

Manchmal
an das Unglaubliche glauben
sich beflügeln lassen –
Aufwind erhalten
für unerwartete Friedensschancen

Manchmal
dem Unglaublichen trauen
sich begeistern lassen –
Rückgrat erhalten
für befreiende Vertrauensschritte

Manchmal
hoffen in aller Hoffnungslosigkeit
sich bestärken lassen –
Visionen erhalten
für eine menschlichere Zukunft

Mitten im Leben

Mitten in der Verunsicherung
gemeinsam ein Hoffnungsfest feiern
als gegenseitige Stärkung
als vertrauensstiftende Ermutigung

Mitten im Schmerz
sich einfinden zum Vertrauensfest
sich erinnern wie unerwartet
uns heilende Kräfte geschenkt werden

Mitten in der Ohnmacht
einander das Rückgrat stärken
Tränen fließen lassen
unsere Lebenskraft neu spüren

Lebendig werden

Lebendig werden
die innere Tür öffnen
zu meiner sprudelnden Quelle
der Kreativität und des Mitgefühls

Lebendig werden
mich konfrontieren lassen
um meinen lebensbehindernden Mustern
nicht hilflos ausgeliefert zu sein

Lebendig werden
meine vielfältigen Seiten integrieren
meine Lebensenergie fließen lassen
den Geschenkcharakter des Lebens feiern

Zum Ausklang

Meine schöpferische Lebenskraft

Heute
bringe ich mich ein
mit meiner schöpferischen Lebenskraft
mit meinem einfühlsamen Engagement

Heute
wachse ich über mich selber hinaus
bin offen für spontane Begegnungen
setze mich ein für mehr Menschlichkeit

Heute
halte ich regelmäßig inne
aufrecht zwischen Erde und Himmel
tief verbunden mit allem

Segensschritte

Segensschritte bewegen uns
zu einer Kultur der Zärtlichkeit
die Raum zum Aufatmen schafft
in all unseren Lebensabschnitten

Segensschritte bestärken uns
zu einer solidarischen Zukunft
die Gastfreundschaft entfaltet
für die Würde aller Menschen

Segensschritte beflügeln uns
zu einer menschlicheren Welt
die in einer Krise die Chance sieht
die Menschen zur Liebe verwandelt

Die Schönheit feiern

Nicht ein Leben lang
auf die großen Wunder warten
mitten im Alltag
das Wunderbare entdecken

Nicht ein Leben lang
auf die große Erleuchtung warten
mitten im Auf und Ab
die Schönheit der Schöpfung feiern

Nicht ein Leben lang
in der Zukunft verbringen
mitten im Suchen erkennen:
das Wesentliche ist schon da

Autor

Pierre Stutz, geboren 1953 in Hägglingen/AG, ist ein Schweizer Theologe, spiritueller Begleiter und Autor vieler erfolgreicher Bücher zu einer Spiritualität im Alltag, langjährige Erfahrung in der der Jugendseelsorge und Erwachsenenbildung, Ausbildung im Sozialtherapeutischen Rollenspiel, Mitbegründer des offenen Klosters Abbaye de Fontaine-André in Neuchâtel/Schweiz, Herbert-Haag-Preisträger 2021, lebt in Osnabrück.
Im Internet: www.pierrestutz.ch